AF496157

REPLIQUE

DE

TH. BALT[illegible]ZI

A LA

DERNIÈRE RÉPONSE

DE

M. J. ALLÈON.

IMPRIMERIE DU JOURNAL DE CONSTANTINOPLE.

1845.

M. J. Alléon a fait paraître, il y a quelques jours, une *dernière* réponse à mes publications, qui, par cela même qu'elle était la dernière, aurait dû, ce me semble, expliquer d'une manière catégorique tous les points contenus dans ma réfutation, insérée au supplément du N° 154 du *Journal de Constantinople*. Mais M. Alléon, embarrassé, comme il devait l'être, de traiter à fond la discussion que son article Errata avait si imprudemment provoquée, n'a rien trouvé de mieux que de changer de rôle, et de simple rectificateur qu'il prétendait être d'abord, il a cru pouvoir s'arroger le droit de se constituer le juge suprême de la défense que j'avais publiée à la fin de l'année dernière. C'est donc à ce double point de vue que je vais, à mon tour, examiner et réfuter cette dernière réponse de M. Alléon.

Tout en témoignant de la répugnance pour les chicanes de chiffres, M. Alléon, à ce qu'il paraît, ne dédaigne pas les chicanes de mots, car sa dernière réponse n'est plus le travail d'un négociant qui *rectifie des faits pour ce qui le concernait, et qui ne pouvaient pas être à ma con-*

naissance, mais bien l'œuvre d'un homme qui voudrait, par des phrases astucieuses et des insinuations malveillantes, nuire à moi et à ceux que la nature et le but de l'attaque des auteurs du libelle anonyme, devaient rationnellement faire comprendre dans ma propre défense.

Cependant, loin de m'intimider ou de me déplaire, rien ne pouvait, au contraire, me donner plus de courage et me causer une plus grande satisfaction ; puisqu'au moins, pour cette seule fois jusqu'ici, je vois en face un homme qui, en avouant son nom, vient se placer, sans s'en douter peut-être, à la tête du parti qui ne cesse de répandre ses calomnies sur mes protecteurs et sur moi.

Oui, M. Alléon, je n'ai pas de protégés comme vous, mais j'ai de très hauts et très puissans protecteurs, sous le drapeau desquels je m'honore de trouver un abri. Ce drapeau, non seulement vous ne me l'avez pas enlevé, mais vos mains n'ont pu même l'atteindre. J'ignore si votre erreur à ce sujet est volontaire ou non ; mais ce que je peux vous dire, c'est que les dignitaires les plus haut placés parmi ceux qui vous ont fait l'honneur de vous recevoir, bien loin de désavouer le contenu de ma première réponse, regrettent du fond de leur âme l'imprudente polémique que vous avez engagée avec moi sous le futile prétexte de réfuter des faits qui vous étaient personnels. Après donc vous avoir déclaré de la manière la plus formelle

QU' ON NE ME DESAVOUE PAS,

je vais passer en revue toutes vos insinuations adroites ou maladroites, en commençant par celle-ci :

« Il a cherché, dit M. Alléon, à réfuter les inculpations » qu'on voulait faire peser sur lui, beaucoup moins cepen» dant qu'à faire le procès de tous ceux qui, grands ou pe-

» tits, depuis quelques années ont eu part au gouvernement
» et aux affaires de l'empire ottoman. »

J'en demande bien pardon à M. Alléon, mais je n'ai jamais eu l'intention, pas plus que je ne l'ai aujourd'hui, de faire le procès de personne. Un libelle anonyme parut il y a huit à neuf mois. Sans revenir de nouveau sur l'énumération des dégoutantes faussetés qui y sont débitées, je me bornerai à dire que la première lecture que j'en fis à bord du bateau à vapeur du Bosphore ne put que m'arracher des sourires de pitié.

Tous les honnêtes gens conviennent, ainsi que M. Alléon le dit lui-même, que les écrits anonymes sont condamnables. Aussi pendant plus de deux mois je vouai le plus profond mépris à cet ignominieux écrit, et l'idée de le réfuter ne me vint que quand je vis qu'une partie de la presse européenne, hostile par système à la Turquie et très malveillante surtout envers le ministère actuel, s'était emparée du texte de cette œuvre ténébreuse pour tâcher de justifier ses violentes et continuelles agressions, alimentées par les faux rapports de certaines gens qui, desespérant de faire leurs affaires avec la présente administration de la même manière qu'ils les faisaient autrefois, saisissent toutes les occasions de s'en venger en la calomniant.

Ce fut donc bien à contre cœur que je dus m'imposer la pénible tâche de rechercher les faits, de comparer les actes des administrations précédentes avec ceux de l'administration actuelle, et de mettre, au moyen d'un parallèle d'une rigoureuse exactitude, la vérité dans tout son jour, à la honte de nos détracteurs. Ainsi ce n'est pas à moi que doivent s'en prendre les amis, agens commandités ou associés, protégés ou protecteurs de M. Alléon, mais bien à ceux d'entre eux qui ont eu la maladresse de me pousser à bout et de me forcer, sans aucune envie de nuire à personne, de dire la vérité qui seule a blessé les uns ou les autres.

Oui, M. Alléon, sous le ministère précédent la situation de l'armée et des finances de la Turquie était des plus critiques, et la continuation d'un pareil état de choses aurait infailliblement amené les résultats les plus désastreux pour cet Empire. Je ne m'entends pas en *diplomatie* pour savoir apprécier les talens éminens, à cet égard, du ministère passé ou du ministère actuel. Je suis homme de chiffres, c'est-à-dire, homme positif, par conséquent j'ai dû porter mes observations et établir mes parallèles sur la partie administrative des deux ministères. Vous aussi, M. Alléon, homme de finances, vous conviendrez avec moi que la position d'alors était insoutenable. Mais si quelqu'un prétend le contraire et veut prendre la plume pour réfuter sérieusement tout ce que j'ai avancé dans ma brochure, je lui promets d'avance que la présente publication ne sera pas ma *dernière* réponse.

On voit donc que je n'étais pas agresseur, mais homme qui défendait son honneur attaqué et qui le défendra toujours jusqu'à la dernière extrémité, malgré toutes les vociférations qui parviennent à mes oreilles.

Dans le paragraphe que j'ai cité plus haut, M. Alléon laisse entendre avec fort peu de bienveillance, que j'ai faiblement réfuté les inculpations qu'on voulait faire peser sur moi. Non, M. Alléon, c'est très victorieusement que j'ai combattu les basses calomnies qu'on a écrites contre moi. Un homme est inculpé quand ses accusateurs se nomment; mais il est calomnié, quand on veut le diffamer par de méprisables anonymes, ou par de faux rapports débités secrètement, comme ceux, pas exemple, que sourdement on adressait sur mon compte à MM. les Ambassadeurs de

France et d'Angleterre à l'occasion de la prohibition de la sortie des blés de la Turquie.

M. Alléon dit dans son second paragraphe : « Il me » semblait que la forme et le fond de mon explication aussi » courtoise que nécessaire m'autorisaient à attendre de » M. Baltazzi, sinon quelque chose comme l'expression d'un » regret au moins un peu plus de confiance et quelque mo» dification dans sa manière de répondre à nos détracteurs. »

Au moment où je devais le moins m'y attendre et par la nature de mes relations et par la réserve que j'avais mise en parlant de lui dans ma brochure toutes les fois que je n'avais pas pu faire autrement, M. Alléon fit tout-à-coup une apparition sur la scène où je me trouvais en face de mes détracteurs anonymes, et me dit : « Cher M. Baltazzi, » vous avez cru faire connaître la vérité au public par vo» tre défense; mais vous vous êtes trompé, car pour ce qui » me concerne, je vais poliment vous prouver le contraire. »

Si ce ne sont pas là les paroles expresses de M. Alléon, c'en est le sens, et il ajoute : « Mes livres et ceux de MM. » Escalon Fernandez et Comp. sont là pour prouver ce » que j'avance. » Effectivement, plus tard, M. Alléon vint nous fournir les extraits de deux à trois pages de ses livres, et autant de ceux de la maison Escalon Fernandez et Comp., certifiés par quatre négocians, MM. D. Glavany, C. S. Hanson, F. Zino et C. Beuf. Ce sont ces extraits qui vont me servir de guide pour mettre en contradiction M. Alléon le rectificateur avec M. Alléon le négociant.

Le compte-rendu de la commission de M. Alléon dit que la partie intitulée *Perte de monnaies*, au f°. 19 du Grand-Livre de la maison Escalon Fernandez et Comp. présente un excédant en bénéfice sur les *caïmés* de piast. 47,624; c'est-à-dire que le bénéfice sur les caïmés était beaucoup plus fort, mais qu'il a été en partie absorbé par les différentes pertes sur les monnaies, sans en excepter celles sur les petits paras. Cela n'est pas tout; car la maison Escalon Fernandez et Comp., par des raisons particulières à elle, était obligée de vendre son papier sur l'Europe de 1 à 1 1/2 pour cent plus bas que le cours de la Bourse, et pour atténuer cet inconvénient, elle vendait le plus souvent ses lettres-de-change contre payement portion en caïmés *au pair* et portion en espèces, comme je lui en achetai moi-même dans le temps. Ainsi les caïmés que cette maison recevait en payement sur la négociation de ses lettres de change, elle les donnait tels quels au Trésor, sans le moindre profit pour elle.

Il est donc évident que les caïmés que la société en commandite de M. Alléon donnait au Trésor n'étaient pas seulement ceux sur lesquels elle avait prélevé un escompte, mais ceux aussi qu'à cause de son crédit limité, elle était dans la nécessité d'accepter en payement de ses négociations sur l'Europe. Par conséquent, le caissier en chef du Trésor des finances était parfaitement fondé à dire, comme il est prêt à le répéter à quiconque veut aller l'entendre, que la société en commandite de M. Alléon faisait ses payemens au Trésor, moitié en espèces et moitié en Caïmés, plus de ses derniers et non moins.

A la suite de l'examen que je viens de faire de l'extrait de la *seule* page 19 du Grand-Livre de la maison Escalon Fernandez et Comp., je crois devoir reproduire le paragraphe rectificatif de l'article Errata de M. Alléon, publié dans le N° 337 de l'*Echo de l'Orient*. Ce rapprochement me paraît assez curieux.

« Le bénéfice que cette maison a pu faire sur les caï-
» més (papier-monnaie) qu'elle a donnés en payement au
» trésor au pair, n'a pas même couvert la perte qu'elle a

» dû supporter sur les petits paras qu'elle encaissait sur
» les fonds reçus de Salonique que le trésor ne recevait pas.»

Ainsi M. Alléon dit que les bénéfices des caïmés n'a pas même balancé la perte des petits paras, tandis que le rapport de la commission fait connaître, qu'après avoir balancé la perte des petits paras et beaucoup d'autres pertes sur les monnaies, il est encore resté un excédant en bénéfice net de piastres 47,624.

Il m'est difficile de deviner à quel titre M. Alléon pouvait prétendre à l'expression de quelque regret ou à un peu plus de confiance de ma part; car je crois avoir clairement démontré que tout en affectant de se poser aux yeux du public en simple rectificateur impartial, il s'était permis d'avancer des faits plus qu'erronés, dans un débat qui ne le touchait en rien et où j'avais été si odieusement calomnié.

Mais ce point n'est pas le seul où je mettrai M. Alléon le rectificateur en contradiction avec ses propres livres.

Dans son article Errata M. Alléon dit :

« Je n'ai jamais acheté de l'Hôtel des Monnaies des cui-
» vres à piastres 9 l'ocque, mais à 9 1/2 et 10 piastres
» lorsque la livre sterling était à 98 piast., et à piast. 10
» et 25 paras l'ocque, quand la livre sterling valait 110;
» à l'époque où M. Baltazzi acheta du ministère des Fi-
» nances à piast. 12 l'ocque le cuivre dont il parle, la li-
» vre sterling était à 118, et à 120 même ; avec apparence
» d'aller à 125 , comme on l'a vu plus tard.»

Dans ma brochure (page 37), sans nullement faire mention du nom de M. Alléon, j'ai dit que précédemment le gouvernement vendait les cuivres de *Ghumuchané* et de Tokat 9 et 10 piastres l'ocque, et que la première vente qui m'en avait été faite par S. Exc. Saffety Pacha , avait été à raison de 12 piastres.

M. Alléon savait très bien, et il a été forcé de l'avouer, qu'entre la qualité de Ghumuchané et celle de Tokat il existe une différence de 10 pour cent dans le prix. Il savait très bien aussi que mon achat de 300 mille ocques était de deux tiers Tokat et un tiers Ghumuchané, par conséquent il ne pouvait pas douter que les prix cités par moi se rapportaient, celui de 9 piastres à cette dernière qualité, et celui de 10 piastres à la qualité Tokat. Il me semble donc que M. Alléon, informé comme il était de toutes ces circonstances, n'aurait pas dû chercher à me représenter publiquement comme m'étant servi dans ma défense de chiffres et de rapports entâchés d'inexactitude.

M. Alléon a encore avancé que quand il achetait le cuivre Tokat à 10 piastres, le change sur Londres était à 98 p.

Mais MM. les Négocians de sa commission nous apprennent d'après son livre d'*Achats et Ventes*, qu'il avait acheté de l'Hôtel des Monnaies 400 mille ocques cuivre, tout Tokat, à 10 piastres l'ocque pendant le mois de septembre 1837, époque à laquelle le change sur Londres était de 111 à 109 piastres. Ce n'est pas tout, cependant, car il résulte d'une note de livraisons, que je tiens des bureaux même de l'Hôtel de la Monnaie, que la première consignation faite à M. Alléon sur ces 400 mille ocques de cuivre eût lieu le 17 rébiulakhir 1253, qui correspond au 20 juillet 1837, et qu'ainsi la date du mois de septembre portée sur son livre d'achats et ventes, n'était que celle de la clôture des livraisons de ces 400 mille ocques de cuivre. Il est pourtant positif que ce n'est pas à la fin de la livraison, mais bien avant de la commencer que l'on fixe le prix d'une marchandise, et ce n'est pas le change des mois de septembre et octobre qui aurait dû régler cette opération en cuivre, mais celui des mois de juin et de juillet. Or, le change du 21 juin 1837 était de 115 à 114, du 28 du même mois, de 113 3/4 à 112 1/2, des 5 et 12 juillet, de 113 à 112 et du 19 du même mois de 113 à 112 1/2. Ainsi le cours moyen de ces cinq courriers était de 113 1/2, ce qui ne fait que 2 1/2 pour cent de différence entre le change de l'époque de l'achat des 400 mille ocques par M. Alléon et celui du 12 mai 1842, jour de mon achat de 300 mille ocques, où le demi cours était à 116 1/4. Cependant la différence entre son achat à 10 piastres et le mien à 12 piast. n'était pas de 2 1/2 pour cent, mais bien de 20 pour cent, plus encore celle qui existe dans le prix entre les qualités Tokat et Ghumuchané.

Je ne comprends donc pas la raison qui a pu engager M. Alléon, homme franc et loyal, à donner le change de 98 piastres pour terme de comparaison à propos de son achat de cuivre à 10 piastres l'ocque, tandis qu'il est établi d'une manière authentique que quand il traita l'acquisition de ces 400 mille ocques de cuivre, le change sur Londres était de 115 à 112 piastres.

Je ne comprends pas davantage ce qui a empêché M. Alléon de faire connaître à MM. les négocians de sa commission les véritables prix des changes auxquels il a tiré pour la contre valeur des payemens de ces 400 mille ocques, de la même manière qu'il l'a fait pour son achat de 300 mille ocques en 1842.

Cette omission volontaire de la part de M. Alléon, d'éclaircir un point aussi essentiel, peut faire supposer que les payemens de ces 400 mille ocques de cuivre furent effectués au moyen des remises qu'il avait alors reçues de Vienne, et dont le change établissait la parité de 120 piastres pour une liv. sterl. Ainsi donc, si le taux de ce change devait régler le prix du cuivre, ce ne serait plus à 10 piastres, mais au delà de 12 que M. Alléon aurait dû payer l'achat en question.

Il est vraiment regrettable que M. Alléon qui s'était lancé sur la scène de la publicité avec la prétention de rectifier les erreurs que, selon lui, contenait ma brochure, se soit laissé entraîner, avec une si inexplicable insouciance, à émettre des assertions d'une inexactitude flagrante, et cela, à ce qu'il paraît, dans l'unique but d'atténuer ou de détruire l'impression profonde que ma réfutation avait produite sur l'opinion publique contre les auteurs du méprisable libelle anonyme.

M. Alléon, dans son article Errata, dit encore :

« M. Baltazzi ayant acheté le cuivre en question à P. » 12 l'ocque, je dûs de mon côté, pour être agréable à » l'Hôtel des Monnaies, lui acheter presque en même temps » au même prix de P. 12 l'ocque, trois cent mille ocques de » ce métal. »

De son côté, le compte-rendu de la commission dit que M. Alléon avait fait ledit achat pendant le mois d'octobre 1842, tandis que le mien est du 12 mai de la même année, c'est-à-dire cinq à six mois avant. Il y a donc encore ici une contradiction patente sur l'époque des achats. Cependant cette époque devant servir de règle pour la fixation des prix du cuivre, suivant les variations des changes, il me semble que M. Alléon n'aurait pas dû confondre les dates, ni dire qu'il avait payé ses 300 mille ocques au même prix que moi, puisque non seulement le change du mois d'octobre fut plus élevé que celui du mois de mai, mais encore que toutes les apparences étaient pour une plus grande hausse, comme effectivement on vit quelques mois plus tard le change monter jusqu'à 125 piastres. Indépendamment de la différence du change, on ne doit pas perdre de vue celle qu'il y avait aussi sur la qualité; car, ainsi que je l'ai dit plus haut, M. Alléon avait acheté tout Tokat, et moi, deux tiers Tokat et un tiers Ghumuschané.

M. Alléon dit dans sa dernière réponse : « que le gou» vernement doit se défier de ceux qui prétendent lui ren» dre des services financiers gratuits. »

En écrivant cette belle sentence M. Alléon avait oublié sans doute qu'il avait dit quelques jours avant, dans son article Errata, que dans le seul but d'être agréable à l'Hôtel de la Monnaie, il lui avait acheté les 300 mille ocques cuivre à P. 12, opération sur laquelle il perdra, dit-il, 200 à 250 mille piastres.

On voit que dans cette occasion encore M. Alléon est tombé en contradiction avec lui-même et fort gratuitement, je pense, car ce n'était pas uniquement pour être agréable à l'Hôtel de la Monnaie qu'il avait fait cette spéculation, mais parce que alors les prix du cuivre en Europe rendaient au delà de 13 piastres l'ocque, net de tous frais. Le prix de 245 francs pour cent kilogrammes, avec escompte de 3 à 6 pour cent, suivant l'importance de la vente, est resté stable à Marseille jusqu'en mars 1843 ; ce ne fut qu'à partir de cette époque que les prix commencèrent à fléchir et à tomber successivement jusqu'à 220 francs où ils sont à présent. C'est donc cette baisse imprévue dans le prix des cuivres, six mois après l'achat des 300 mille ocques par M. Alléon, qui est l'unique cause du risque qu'il court de perdre quelques milliers de piastres, non sur le prix d'achat de 12 piastres, mais sur les intérêts de l'argent, n'ayant pas jugé à propos de réaliser le solde de cette spéculation aussi vite qu'il lui eût été possible de le faire, aux prix pratiqués alors en Europe.

Mais M. Alléon avec une persistance inexplicable a toujours voulu donner à entendre que le prix de 12 piastres l'ocque que j'avais payé le 12 mai 1842 devait laisser de la perte. A cela je n'ai rien de mieux à répondre que de produire (sous la lettre *A*) les extraits de trois comptes de vente, dont deux de la maison De la Rue frères, de Gênes, et l'autre de MM. M. A. Bastogi et fils, de Livourne. Ces cuivres consistant en 73,540 ocques, vendues depuis le mois d'août 1842 jusqu'en janvier 1843, m'ont laissé un bénéfice net de 73,650 piastres.

Je comprends très bien qu'aux yeux de M. Alléon, habitué comme il l'était à gagner de 20 à 25 p. 0/0 sur ses spéculations en cuivre, le bénéfice que je viens de signaler doive paraitre fort insignifiant, mais cela ne prouve pas autre chose, sinon que M. Alléon a été heureux de se trouver chargé des affaires du gouvernement à des époques où les ministres et leurs agens pensaient qu'il ne valait pas la peine de chicaner sur les chiffres et de prendre trop à cœur les intérêts de l'Etat. Ce n'est certes pas M. Alléon que je croirais jamais devoir blâmer ou rendre responsable pour avoir acheté le cuivre, tout Tokat, à 10 piastres l'ocque lorsque le change était de 115 à 112 sur Londres ; je ne prétends pas davantage faire mon propre éloge en disant que c'est par excès de zèle pour les intérêts du gouvernement que j'ai payé 12 piastres l'ocque pour deux tiers Tokat et un tiers Ghumuchané. Non, le blâme ne retombe pas plus sur M. Alléon pour avoir acheté le cuivre à 10 piastres, qu'il ne me revient de mérite, à moi, pour l'avoir payé 12. Le blâme ou le mérite appartient aux fonctionnaires ou agens du gouvernement qui, honorés de la confiance de leur souverain, ont pour premier devoir de veiller aux intérêts du pays et de chercher par tous les moyens licites qui sont en leur pouvoir, de vendre le plus cher et par contre d'acheter le meilleur marché possible. Que M. Alléon me permette donc de lui dire qu'il a eu grand tort de prendre pour lui ce que j'ai dit à la page 37 de ma brochure au sujet des cuivres. Cela ne pouvait évidemment s'adresser qu'à ceux qui, alors ou aujourd'hui, se trouvaient chargés par S. H. le Sultan de traiter la vente des cuivres du gouvernement. Aussi on est porté à croire que c'est moins pour se défendre que M. Alléon est entré en lice, que pour faire l'apologie de la conduite d'autres personnes, que j'ignore s'il faut classer parmi ses protégés ou ses protecteurs.

M. Alléon s'est formalisé de ce que j'avais écrit dans ma brochure que MM. Escalon Fernandez et Comp. et G. Couturier, de Smyrne, étaient ses Agens. Je crois cependant avoir prouvé par ma précédente réponse que les uns étaient ses associés commandités, et l'autre son véritable agent revêtu du caractère officiel d'associé, comme il le qualifie lui-même dans son contrat d'emprunt de cinq millions de piastres. (Voir l'annexe *B.*)

M. Alléon a trouvé dure l'observation que j'avais cru devoir adresser à sa société en commandite à propos de la perception de la taxe de 1 1/2 pour cent que le gouvernement s'était bénévolement alors imposée, et il a cherché à excuser les uns et les autres, en avançant dans son article Errata :

« Que la maison Escalon Fernandez et Comp. devait » retrouver dans cette bonification d'un et demi pour cent » des frais assez considérables pour faire arriver ces fonds de » l'intérieur à Salonique, leur propre commission, celle de » la maison de Salonique et une compensation bien justement due tant pour les avances qu'ils faisaient au trésor » sans aucun intérêt que pour les risques du papier sur

» l'Europe et sur Constantinople qu'ils recevaient de Sa- » lonique. »

J'ai déjà eu occasion de dire à ce sujet qu'en succédant à MM. Escalon Fernandez et Comp. dans l'affaire du recouvrement des fonds du gouvernement en Roumélie, je me trouvai exposé aux mêmes frais, risques, avances de fonds, échéances des traites, etc., tel absolument que MM. Escalon Fernandez l'étaient avant moi, à l'exception toutefois de la bonification de 1 1/2 pour cent qui leur était allouée. J'ai ajouté qu'il y avait, en outre, une foule de bénéfices qui devaient satisfaire sa société en commandite, sans faire peser sur le trésor le fardeau d'une pareille taxe arbitraire. Maintenant pour prouver au public la vérité de ce que j'ai avancé, je vais donner le résumé des opérations que j'ai faites avec MM. Rogotti Frères, de Salonique, aussitôt après avoir succédé à MM. Escalon et Fernandez dans le recouvrement des fonds de la Roumélie.

Pendant huit mois, savoir : depuis le 30 avril jusqu'au 31 décembre 1841, mon compte courant chez MM. Rogotti Frères, de Salonique, s'est élevé, pour les seuls recouvremens de fonds dans cette province là, à la somme de piast. 5,705,929 24 qui me furent remboursés de la manière suivante :

3,383,389 piast.	—	en monnaies européennes, qui laissaient constamment un bénéfice de 1 à 2 pour cent (voir le rapport de la commission).
691,838 »	—	En remises sur Constantinople qui ont donné un bénéfice de p. 11,511,62
1,630,702, 24		en monnaie courante au pair.
Total 5,705,929 p. 24		

A part ces avantages, j'avais, comme l'avaient eu avant moi MM. Escalon Fernandez et Comp., le bénéfice sur le papier-monnaie et la faculté de rembourser le Trésor de Constantinople une quarantaine de jours après la date des recouvremens des fonds dans les provinces.

Ce sont là des faits, M. Alléon, que je ne crains pas d'avouer et que j'ai le droit de signaler sans que l'on ait celui de crier que je veux vous calomnier.

Dans le troisième paragraphe de sa dernière réponse, M Alléon dit : « que sans devenir mon détracteur, je passerai » probablement pour avoir voulu être le sien. »

C'est possible, cependant je ferai, quoique à contre cœur, remarquer ici à M. Alléon qu'il s'est suffisamment montré mon détracteur par le manque d'exactitude de ses propres rectifications, dont le but manifeste était de faire une diversion sur l'opinion publique, en essayant de dénaturer les vérités que j'avais mises au grand jour. Mais quant à passer, moi, pour avoir voulu être le détracteur de M. Alléon, il faudrait que j'y eusse donné lieu d'une manière quelconque ; eh bien, je le défie de pouvoir citer une phrase, une ligne, un mot, au moyen desquels j'ai voulu le calomnier. Je prie instamment M. Alléon et ses amis de vouloir bien s'expliquer sur ce point, car leur silence fournirait une nouvelle preuve de leur intention de persister de plus en plus dans le système de dénigrement qu'ils ont adopté à mon égard. Ce serait eux alors qui passeraient à juste titre pour avoir été mes détracteurs.

M. Alléon dit, dans son article Errata : « qu'il avait » souvent envoyé des cuivres en Europe pour compte du » gouvernement pour rentrer dans une avance de douze mil» lions de piastres environ, que l'Hôtel de Monnaie lui de» vait en bonne monnaie, *non à l'intérêt usuel de Constanti-*

» *nople de 12 pour cent l'an*, mais à celui bien modique » pour cette époque là surtout de 5 pour cent. »

Il m'a paru que par ces mots: *intérêt usuel de Constantinople de 12 pour cent l'an*, M. Alléon voulait faire allusion au prêt que j'avais fait au gouvernement en 1841 à un taux pareil, et j'ai dû croire qu'il était tout naturel que ce rapprochement amenât le public à supposer que l'avance de 12 millions de piastres de M. Alléon était du même genre que mon emprunt de 7,500,000 piastres. La chose n'étant pas ainsi, je dus lui répondre que : « D'après les vé» rifications que j'ai pu recueillir en hauts lieux, il est po» sitif que jamais M. Alléon n'avait prêté au gouvernement » de Sa Hautesse à l'intérêt de 5 pour cent l'an. »

Ce que je confirme de nouveau, en me faisant fort de prouver qu'il n'a effectivement jamais fait un semblable prêt au gouvernement, et que la somme en question de 12 millions de piastres n'était que le résultat de la liquidation de la grande opération de banque, dont le but était de maintenir le change bas, afin de faciliter de mieux en mieux l'exécution du système de l'altération de la monnaie. Il est de fait que tant M. le Directeur du matériel de l'Hôtel de la Monnaie que M. Alléon, ont acquis des droits incontestables à la reconnaissance du pays et de l'Europe entière pour avoir su trouver le moyen de continuer cette détérioration si profitable pour l'Hôtel de la Monnaie.

Mais revenant à l'affaire des douze millions de piastres, je répète que cette somme n'était que la conséquence de la liquidation du compte-courant qui existait entre M. Simon G. Sina de Vienne, et l'Hôtel de la Monnaie ; car ce n'était plus M. Alléon, mais bien M. Sina qui était le créancier direct du gouvernement, ainsi qu'il résulte de l'exposé du compte AUTHENTIQUE que voici :

P. 9,188,481 — Solde dû à M. Sina (ce sont les propres paroles écrites sur les registres de l'Hôtel de la Monnaie) à l'époque de l'abandon des opérations de banque pour compte de ce département. (Dans cette somme de 9,188,481 piastres, se trouvent compris les intérêts d'argent, pertes sur les négociations, les commissions de banque de M. Alléon, celles de tous ses correspondans, ainsi que la commission particulière de M. Sina, les courtages ici et en Europe et autres, jusqu'au commencement de 1837.)

» 1,151,200 — Nouveaux frais jusqu'à la fin de 1837.

» 1,341,678 — Intérêts d'argent pendant les années 1838, 1839 et 1840 à raison de *Six* pour cent au commencement et à 5 pour cent après.

» 208,390 — Nouvelles commissions de banque de M. Sina de Vienne prélevées en diverses reprises sur le solde de P. 10,339,681.

» 12,286 — Frais des comptes-courans en 1838 1839 et 1840.

tot. 11,901,985 — qui ont été remboursées ainsi qu'il suit :

Net produit d'un million deux cent cinquante mille ocq. cuivre, ayant donné florins 1,215,511 : 52 qui au change de 390 paras pour un florin avaient fait P. 11,851,718

Payé pour solde. . . . . » 50,267

Total. . . . P. 11,901,985

plus P. 7,157 pour différence du change sur le solde de florins 5,205, dont l'évaluation en piastres, ainsi que celle de la somme totale de fl. 1,220,916, était au change de 390 paras au lieu de 445 cours moyen de 1838, 39, et 40.

M. Alléon ne peut pas se refuser à reconnaître que quatre choses résultent de l'exposé de ce compte;

1° Que jamais M. Alléon n'avait fait un prêt *ad hoc* à raison de 5 pour cent l'an;

2° Que cette dette de l'Hôtel de la Monnaie n'était pas envers lui, mais directement au nom de M. Sina de Vienne;

3° Que les commissions payées par l'Hôtel de la Monnaie sur ces opérations de change était bien au delà de P. 1,532,192;

4° Que toutes les commissions, intérêts d'argent, etc. etc., qui se trouvent compris dans ces 12 millions de piastres, ne s'étaient pas limités à P. 4,981,936, mais arrivèrent à la somme de sept millions environ, plus trois millions de piastres, différence de change et autres sur le net produit de 1,250,000 ocques de cuivre qui, malgré tant et tant d'intérêts supportés par l'Hôtel de la Monnaie, n'avait rendu que piast. 9 1/2 l'ocque, au lieu de 12 qu'il aurait dû produire, d'après le change des années 1839 et 1840, comme il résulte des trois comptes de vente que j'ai déjà cités. En effet, ces comptes ont donné 80,692 florins pour 73,540 ocques de cuivre, ce qui correspond à 1 florin et 6 kreuzers l'ocque, tandis que les 989,058 ocques Tokat, vendues pour compte de l'Hôtel de la Monnaie, n'ont rendu que 968,058 florins, ce qui fait 58 kreuzers 3/4 l'ocque.

C'est je crois ici le cas de faire observer à M. Alléon que lorsqu'il a fait un prêt réel au gouvernement, ce n'était pas à l'intérêt de 5 pour cent l'an, comme il a eu l'air de s'en vanter, mais à celui de 12 pour cent sur un capital de 5 millions de piastres, ainsi qu'il est prouvé par la traduction (Annexe B) du contrat passé le 10 djemaziul-evel 1256, entre M. Alléon et S. Exc. Saïb pacha, ministre des finances d'alors.

Cet emprunt, contracté d'abord en monnaie turque, fut à l'expiration du terme stipulé de trois mois, converti en monnaie de France, en vertu d'un second contrat (voir la traduction annexe C) portant que les cinq millions de piastres sont réduits en 1,219,512 francs, au change de 164 paras d'après le cours (*selon le contrat*) du 10 chaban 1256, qui correspond au 25 octobre 1840.

Cependant lorsque M. Alléon avait fait cette avance, il était amplement garanti au moyen de fortes consignations d'opium expédié par lui en Angleterre, pour le compte du gouvernement et d'une valeur bien supérieure aux cinq millions en question.

Je crois en avoir dit assez sur tous ces sujets ; ainsi je passe au dix-huitième paragraphe de la dernière réponse de M. Alléon, conçu en ces termes :

« Je ne dirai jamais que j'ai fait mieux, ou même aussi » bien que d'autres, je tiens seulement à constater que je » puis avouer tout ce que j'ai fait. »

M. Alléon est vraiment heureux de pouvoir dire qu'il peut tout avouer, et je lui en fais mon compliment ; mais moi, je vais plus loin pour ce qui me concerne, puisque non seulement je peux tout avouer, mais encore je peux faire voir à tout le monde tout ce que j'ai fait depuis sept ans. La preuve de cela, c'est que, fidèle à l'offre que j'avais faite à M. Alléon et qu'il n'a pas cru devoir accepter, de soumettre à la vérification d'une commission mixte tous nos livres de commerce, je viens, pour en finir, non avec les chicanes de chiffres, mais avec les basses calomnies de quelques collègues, auteurs ou instigateurs du libelle anonyme, d'avoir recours pour cette vérification à l'obligeance de six négocians parmi les plus respectables de la place, MM. J. C. Hulka, F. Calaroni, J. N. Black, M. Schilizzi, M. Barzolèse et M. P. Rodocanachi, qui ne se sont pas bornés à certifier purement et simplement les extraits de telle ou telle page de mes livres, mais qui ont tout vu, examiné, contrôlé avec la plus scrupuleuse attention, conformément au désir que j'avais pris la liberté de leur exprimer.

Les termes me manquent pour témoigner à ces honorables négocians toute ma gratitude pour les peines infinies qu'ils se sont imposées pour voir et examiner dans leurs moindres détails toutes mes opérations avec les différentes administrations du gouvernement. Il résulte de leur rapport (que je produis ici sous la lettre Q) fruit d'un pénible et minutieux travail qui a duré plus de deux semaines, et qui a motivé le retard que j'ai apporté à répliquer à la dernière réponse de M. Alléon, que tout ce que les auteurs du libelle anonyme ont écrit contre moi et mes hauts et puissans protecteurs est complètement faux, ainsi, du reste, que je l'avais déjà duement prouvé dans ma précédente brochure qui a été l'objet des rectifications de M. Alléon, bien qu'elle soit le type de la vérité et que son article Errata publié dans l'*Echo de l'Orient* soit celui de l'erreur. Je ne saurais d'ailleurs m'empêcher de témoigner à M. Alléon ma vive reconnaissance pour avoir provoqué le développement de la discussion sur le grand débat qui existait entre moi et les auteurs du libelle anonyme, et si ces derniers ne sont pas du nombre de ses amis, il doit se féliciter avec moi que le hasard de son article Errata ait été la cause que des questions qui intéressent au plus haut degré le pays et les amis de la Turquie aient été tirées au clair.

J'ai fini, et j'ai la satisfaction de pouvoir dire qu'en avouant et en faisant voir tout ce que j'ai fait depuis sept ans avec les différentes administrations du gouvernement, il en résulte à la honte de nos détracteurs ceci :

Que depuis bien long-temps très rares ont été en Turquie les ministres qui aient su servir le souverain et le pays avec autant de zèle, de dévouement et de probité que les trois grands dignitaires placés depuis près de cinq ans à la tête du gouvernement ottoman et qui sont S. A. le Grand-Visir Raouf Pacha, S. A. le Grand-Maréchal Riza Pacha, et S. Exc. le ministre des finances Safetti Pacha. Que Dieu leur accorde vie et assistance pour continuer à servir Sa Hautesse le Sultan avec le même dévouement et le même patriotisme dont ils ont donné jusqu'ici de si éclatantes preuves.

Quant à moi, tout dévoué que je suis à d'aussi éminens personnages, je me sens heureux et fier d'avoir pu m'attirer leur confiance tutélaire, dont je m'honore et dont je m'efforcerai de mériter la continuation par tous les moyens en mon pouvoir.

TH. BALTAZZI.

MESSIEURS. **BALTAZZI** FRÈRES

Compte de vente et net produit de 1216 pains cuivre rouge Tockat par divers navires et vendus comme suit.

1842						Ln.	
Novembre	7	126 pains pesant net Cª 126,36 à Lf. 140	L. F. B.	17,690	40		
		esct. 3 %	»	530	70		
		valeur comptant	»	17,159	70		
		à 6 frs. 5				14,299	75
»	12	50 » » » » 49,96 » 140	»	6,994	40		
		escompte 3 %	»	209	83		
		valeur comptant	»	6,784	57	5,653	81
Decembre	7	250 » » » » 223,23 » 138	»	30,805	74		
		escompte 3 1/2 %	»	1,078	20		
		valeur 7 janvier 1843	»	29,727	54	24,772	95
»	12	376 » » » » 313,71 » 138	»	43,291	98		
		escompte 3 %	»	1,298	75		
		valeur 1 janvier 1843	»	41,993	23	34,994	36
»	31	414 » » » » 342,24 » 138	»	47,229	12		
		escompte 4 1/2 %	»	2,125	31		
		valeur comptant	»	45,103	81	37,586	51
		1,216 pains Cª 1055,50				117,307	38
		Frais divers	»	1,322	98		
		Commission 2 %	»	2,346	14		
						3,669	12
		Valeur commune le 22 décembre 1842.	Ln.			113,638	26

S. E. et O.

Gênes, le 24 décembre 1842. (Signé) DE LA RUE FRÈRES.

Compte de vente et net produit de 600 pains cuivre rouge Tokat reçus de votre envoi par le bateau à vapeur l'Hérault, cap. Rougemont, français, pour votre compte vendu comme suit.

1842							
Décembre	30	102 Pains cuivre sud pesant net Cª 88,08 à 138	L. F. B.	12,155	6		
		escompte 5 p. cent	»	607	72		
			»	11,547	34		
1843 Janvier	3	valeur 30 décembre a 6/5			Ln	9,622	79
		498 Pains pt. net Cª 417,50 à 138	»	57,615	—		
		escompte 5 0/0	»	2880	75		
				54,734	25	45,611	87
		valeur commune 2 janvier 1843	»			55,234	66
		Frais divers	Ln	741	32		
		Courtage et commission 2 0/0	»	11,04	68	1,846	—
		valeur commune 2 janvier 1843	»			53,388	66

S. E. et O.

Gênes, le 6 janvier 1843. (Signé) DE LA RUE FRÈRES.

Compte de vente et net produit de 620 pains cuivre portion de la partie de pains 700 reçus de votre envoi par le brick autrichen Buona Maria, *cap. Giorgio Previssitz et vendu pour votre compte et ordre comme suit.*

1842																		
Aout	3	Pains	100	liv.	9,012	liv.	8,992	a	Lc.	93 1/2	valeur	6 mois			L	8,407	10,4
»	11	»	40	»	3,612	»	3,604	»	»	93 1/2	»	»				3,369	14,8
»	22	»	30	»	2,714	»	2,708	»	»	93 1/2	»	»				2,531	19,8
Septembre	1	»	60	»	5,410	»	5,397	»	»	93 1/2	»	»				5,046	3,8
»	10	»	30	»	2,776	»	2,770	»	»	93 1/2	»	»				2,589	19,0
Octobre	13	»	66	»	6,080	»	6,070	»	»	93 1/2	»	»				5,675	9,0
»	26	»	50	»	4,620	»	4,610	»	»	93 1/2	»	»				4,810	7,0
Novembre	3	»	71	»	6,496	»	6,482	»	»	93 1/2	»	»				6,060	13,4
»	16	»	73	»	6,681	»	6,666	»	»	93 1/2	»	»				6,232	14,4
»	22	»	100	»	9,188	»	9,168	»	»	93 1/2	»	»				8,572	1,8
		Pains	620	»	56,589	»	56,467	valeur commune 4 avril 1843								52,796	12,8
		Frais divers sur toute la partie											L. F.	1,220	3,4		
		Intérêts du 30 juillet 1842 au 4 avril 1843, jours 244, 5 p. cent											»	41	6,8		
		Commission du croire et magasinage 2 1/2											»	1,319	18,4	2,581	8,4
													Lf.			50,215	4,4

S. E. et O.

Livourne, 23 février 1844. (Signé) M. A. BASTOGI et FILS.

Nous soussignés certifions que les copies ci dessus sont conformes aux originaux que M. Baltazzi nous a exhibés,

En foi de quoi, Constantinople, 2 avril 1842.

F. CALARONI; T. N. BLACK; M. SCHILIZZI; M. P. RODOCANACHI; J. HULKA; MICHELE BERZOLESE.

Ln. 113,638, 26	net Produit de 1,216 pains cuivre vendu à Gênes	
» 53,388, 66	» 600 » »	
Ln. 167,026, 92		
» 1,526, 92	à déduire pour assurance et menus frais.	
Ln. 165,500,	qui au change de 258 de Gênes sur Vienne font	florins 64,147.
Lf. 50,215, 44	Net produit 620 pains cuivre vendu à Livourne	
» 415. 44	à déduire pour assurance, etc.	
Lf. 49,800	qui au change de 301 de Livourne sur Vienne font	fl. 16,445
	Total	fl. 80.692
	qui au change d'ici sur Vienne de 474 font	P. 956,130
	Montant de 73,540 ocques cuivre à P. 12	» 882,470
	Bénéfice	P. 73,650

(B)

Traduction d'un Contrat entre S. Exc. Saïb Pacha, ministre des Finances de la S. Porte et M. Alléon, en date 10 Djemazioulevel de l'année 1256.

Par le présent contrat on est convenu des clauses suivantes :

1° Il sera avancé de ma part la somme de dix mille bourses qui sera versée à titre d'emprunt au Trésor Impérial en différens payemens et dans trois semaines à partir de la date du présent contrat ;

2° Cette somme portera un intérêt de 12 pour 0/0 qui sera calculé à partir du jour où seront effectués les payemens, et pendant trois mois il ne pourra être rien exigé soit du capital soit des intérêts ;

3° Pendant ledit terme, les lettres-de-change dont il sera fait mention plus bas, seront remises au Trésor ; mais passé les trois mois, on devra pour ce qui concerne les sommes envoyées par le Mouhassil, les revenus des Douanes et autres ; prélever d'abord les traitemens et dépenses nécessaires du Mouhassil et des autres employés, et remettre le reste au fur et à mesure entre les mains de M. Couturier, négociant français *mon associé*, lequel se chargera de négocier les lettres-de-change et de les envoyer de concert avec le Mouhassil, au Trésor Impérial, afin de les passer en compte, à partir du jour de leur encaissement et d'en inscrire le montant sur le contrat du Trésor qui m'a été livré en échange du mien; ces à comptes seront inscrits de la part du Trésor et de ma part simultanément;

4° La somme de dix mille bourses sera acquittée de cette manière en différens payemens, et l'intérêt des différens à comptes sera aussi déduit de la somme des intérêts cumulés, mais avant que le reste ne soit liquidé il ne sera donné aucune lettre-de-change, et il ne sera envoyé de l'argent à Constantinople sur les revenus mentionnés, si ce n'est qu'on en retiendra seulement les traitemens des employés et dépenses ordinaires.

5° Après la liquidation, les contrats des deux parties seront restitués et déchirés.

En conséquence de cela, ayant reçu de S. Exc. Saïb Pacha, Ministre des finances, un contrat muni de son sceau, le présent contrat est délivré, de ma part aussi, concernant mon obligation à prêter au Trésor la somme ci-dessus, d'après les clauses établies de part et d'autre, et c'est à ces fins qu'il est déposé au Trésor Impérial.

Signé : ALLEON.

(C)

Traduction d'un contract d'emprunt entre le Ministre des Finances et M. Alléon, en date 10 Chaban 1256, qui correspond au 25 octobre 1840.

D'après ce qui avait été convenu le 10 djemaziul-evvel de l'année 1256 avec S. Exc. Saïb pacha, Ministre des finances, au sujet d'un emprunt de dix mille bourses à 12 0/0 dont le capital ainsi que les intérêts devaient être remboursés au fur et à mesure, sur le produit du *Mohassillik* de Smyrne dans l'espace de trois mois, on avait établi cette affaire par des contrats échangés entre les deux parties, et en vertu du contrat cette somme ainsi que les intérêts devaient être acquittés sur les produits sus-mentionnés, le 10 chaban. Mais comme le Trésor Impérial se trouve maintenant avoir besoin d'argent, ladite convention est annulée ainsi que les contrats délivrés respectivement et qui sont restitués, et l'on vient maintenant de passer un nouveau contrat de la teneur suivante :

Que les revenus ci-dessus mentionnés resteront, comme par le passé, à la disposition du Trésor Impérial.

Que l'intérêt de trois mois exigé comme ci-dessus, nous ayant été payé séparément par ledit Trésor, le capital de dix mille bourses, calculé *d'après le change d'aujourd'hui 10 Chaban* à raison de 164 paras par franc, sera réduit à la somme de 1,219,512 francs, dont le Trésor Impérial se constitue notre débiteur avec un intérêt de 10 0/0 par an et à partir dudit jour;

Qu'il est loisible au Trésor de nous payer la somme ci-dessus mentionnée en compensation de celle de dix mille bourses, soit intégralement, soit en différens payemens, mais toujours d'après la valeur des francs et au comptant; que les intérêts de 10 pour 0/0 qui se cumuleront jusqu'au jour de la liquidation de cette somme seront payés à part et que les à comptes seront inscrits au dos des contrats qui se trouvent entre les mains des deux parties.

A défaut de payement, ladite somme de dix mille bourses, réduite en francs comme ci-dessus, sera ajoutée aux intérêts exigibles jusqu'au jour où le payement sera effectué, et qu'en l'année 1842, qui correspond à celle de 1258 de l'hegire, au fur et à mesure qu'il viendra du cuivre des mines Impériales de Tocat, il nous sera consigné pour être vendu au prix courant en Europe, et lorsque la consignation de ce métal sera terminée et que l'on en aura réglé les comptes, les frais de transport et notre commission de 2 pour 0/0 seront prélevés sur le produit de la vente, et le reste calculé en francs sera passé en compte de ce qui nous est dû ainsi que des intérêts cumulés, et tout ce qui en restera sera rendu par nous au Trésor ; mais s'il y a un déficit, il nous sera payé par le Trésor et au comptant. Cependant pour ne point faire supporter au Trésor la charge des intérêts jusqu'à la liquidation, la somme provenant de tems en tems du produit de la vente sera calculée en francs dont on prélèvera approximativement les frais et commission pour inscrire le reste au dos des contrats respectifs à titre d'à comptes ; les intérêts de ces à comptes seront au moment de la liquidation déduits du compte des intérêts cumulés de la somme de dix mille bourses convertie en francs comme ci-dessus.

Jusqu'à la liquidation de la somme prêtée et de ses intérêts, il ne sera permis de donner ailleurs, pas même une ocque dudit cuivre, et après le payement de ladite somme, si l'on reçoit des nouvelles de l'Europe que le cuivre qui reste est vendu à un prix plus élevé, le restant de ce cuivre aussi sera également vendu par mon entremise, et après en avoir prélevé les frais et la commission, le solde sera payé au comptant au Trésor.

A la liquidation des comptes, les contrats respectifs seront restitués et déchirés : ayant conséquemment arrêté les clauses ci-dessus, un contrat est remis entre mes mains de la part de S. Exc. le Pacha ci-dessus mentionné, lequel contrat a été échangé contre un autre de ma part déposé au Trésor Impérial et attestant mon obligation de remplir lesdites clauses.

Signé : ALLEON.

(D)

TRADUCTION DE L'ITALIEN.

A la réquisition de M. Théodore Baltazzi, nous soussignés nous sommes rendus à sa maison à Péra, où il nous a exhibé les livres de son établissement de commerce consistant, en sept *Grands-Livres*, neuf livres *Journal*, huit livres de *Caisse* et plusieursregistres auxiliaires, comme *Magasinages*, *Achats et Ventes*, *Factures*, *et Copie de Lettres*, depuis l'année 1837 jusqu'à la moitié presque de l'année 1844, et après avoir examiné, en diverses séances, toutes les pages, une à une, des trois Grands-Livres du Ier octobre 1840 au 31 mai 1844, et après avoir vérifié tous les Comptes qui pouvaient avoir quelque rapport avec les affaires qu'il avait faites avec les différentes administrations du gouvernement dans ces quatre ans, il résulte ce qui suit :

Le Compte intitulé *Sconti Scehim* aux foglios 28 et 163 du Grand-Livre N° 6 présente au crédit, du 24 Décembre 1840 au 30 Juin 1842, pour divers escomptes la somme de . . . . P. 702,867, 02
Au débit pour escomptes payés à divers . . . . « 50,826, 76
Net P. 652,040, 26

Le Compte intitulé *Conto Serghi* fo. 184 du Grand-Livre N° 6 et fog. 30 du Grand-Livre N° 7 présente un total de Serghi escomptés du 21 mars 1842 au 30 Décembre 1843 de . . . . P. 4,179,043 —

Les escomptes perçus sur ces Serghis s'élèvent à P. 529,553, 35, c'est à dire, 12 2/3 pour 0/0 prix commun, selon le Compte intitulé *Sconti Serghi del hasné* fo. 184 du Grand-Livre N° 6 fo. 28 du Grand-Livre N° 7, et fo. 32 du Compte *Utili et Danni*.

Le Compte intitulé *Reggio Arsenale* fo. 122 du Grand-Livre N° 7 et fo. 30 du Grand-Livre N° 8 constate la consignation de marchandises pour la somme totale de . . . . P. 2,490,197, 54

Le Compte intitulé *Masraf Naziri* fo. 60 et 146 du Grand-Livre N° 6 fo. 130 du Grand-Livre N° 7 et fo. 31 du Grand-Livre N° 8, établit la livraison de différentes marchandises pour la somme totale de . . . . P. 6,543,345, 35

Ces deux comptes de fournitures font ensemble P. 9,033,542, 89, qui ont laissé un bénéfice de Piast. 1,087,935, 11 sans calculer l'intérêt de l'argent du jour de l'achat à celui du remboursement.

Le compte intitulé *Reggio Arsenale* du 16 septembre 1837 au 18 mai 1840 fo. 153, du Grand-Livre N° 3, fo. 63 et 164 du Grand-Livre N° 4 et fo. 42 du Grand-Livre N° 5, établit la consignation de marchandises pour la somme totale de P. 7,153,855, 16 dont le bénéfice a été P. 376,116,54 sans calculer également l'intérêt de l'argent du jour de l'achat à celui de la rentrée.

Les poids et mesures des marchandises consignées tant au Masraf qu'à l'Arsenal sont conformes, selon les livres de magasinage, aux poids et mesures des expéditions du dehors et des achats faits sur place.

Dans les trois Grands-Livres N° 6, 7 et 8, il n'y a qu'un seul compte au fo. 80 du Grand-Livre N° 6 intitulé *Cadri Effendi* qui se limite à la somme totale de P. 5,585, 12.

Le compte intitulé *Rogotti Frères de Salonique*, fo. 46 et 91 du Grand-Livre N° 6 présente en bloc au crédit la somme de P. 5.705,929,24 qui est composée comme suit :

P. 3,383,389	Import de diverses monnaies étrangères et turques expédiées à Constantinople, Smyrne, Vienne et Marseille, lesquelles donnaient un profit de 1 à 2 0/0.
« 691,838,	Import de remises de Salonique, traites de Constantinople et quelques mandats.
« 1,630,702, 24	id de divers groups en monnaie courante expédiés de Salonique ici
P. 5,705,929, 24	

Le Compte intitulé *Aggi di Salonico* fo 47 du grand livre N°. 6 présente du 30 Avril jusqu'au 27 Décembre 1841 divers aggios somme de P. 12.014. 62. sur un capital de P. 749,177.

Dans le compte intitulé *Comprita ogli* fo. 80, du grand livre N° 5, il existe un payement en date du 1er Octobre 1840 de 2,500 pour 1/2 d'anticipations sur quint. 3,000 huile.

Dans le Compte intitulé *Malié hasné* fo. 30 du Grand-Livre N° 6 il existe, en date du 10 Décembre 1840, un payement de P. 875, pour 1/2 d'anticipations sur qx. 1500. huile.

Dans le compte intitulé *Théodore Baltazzi son compte particulier* fo. 21 du Grand-Livre N° 6 figurent les payemens suivans :
Du 6 au 27 octobre 1840, au hasné . . . . P. 592,500
Au 24 février 1841, au même . . . . » 207,500
P. 800,000.

Ce qui est conforme à un *Zimet* ayant le cachet de Hagi Saib pacha qui déclare être la 1/2 de quintaux 10,000 huile.

Le 31 Octobre 1840 P. 168,500. payement fait à MM. Haggiar, Fachri et Mahmout effendi, conformément à un contrat des mes pour anticipations de 2000 qx. huiles du gouvernement cédés à forfait.

Aux 3, 6, et 13 novembre 1840 P. 277,230 payement à MM. Scampavia et Salih bey pour anticipations de qx., 3000 huile, ur garantie desquels ils firent reconnaitre M. T. Baltazzi de qx. 4,000 huile du gouvernement, ainsi qu'il conste d'un contrat des mêmes.

Dans tous les examens que nous avons fais de ces livres nous n'avons trouvé en fait d'opérations en blés que celles de 1841, ites à Salonique Uskiup et Kutahièh, dont la liquidation s'est prolongée jusqu'à 1842; après quoi il n'apparait rien.

En foi de quoi, Constantinople, le 2 Avril 1845.

J. C. HULKA. — F. CALARONI. — T. N. BLACK. — M. SCHILIZZI. — MICHELE BERZOLESE. — M. P. RODOCANACHI.

Tableau des ventes en huile d'olive faites en 1840 par Son Excellence Saïb Pacha ex-ministre des finances.

Note du revenu des dîmes et autres pour compte du gouvernement et livraisons faites aux différents acheteurs par Son Excellence Safféti Pacha.

Quintaux	14,500.—	Vendus directement à M. Baltazzi.	
»	2,000.—	idem	à MM. Haggiar, Fachri et Mahmout effendi cédés à forfait à M. Baltazzi
»	4,000.—	idem	à Salih bey et Scampavia cédés au même.
»	20,500.—	que M. Baltazzi avait à recevoir du gouvernement.	
»	13,000.—	vendus de plus à Salih bey et Scampavia.	
»	2,000.—	idem	à MM. Thomes et Mandra.
»	1,500.—	idem	à M. Davoutoglu.
»	1,500.—	idem	à M. Loir.
»	1,500.—	idem	à M. J. Psichari.
»	1,000.—	idem	à MM. Durand Hipfinger.
»	500.—	idem	à Sadik bey Gibraltar.
Quintaux	41,500.—	vendus par S. E. Saïb Pacha, ex-ministre des finances.	

REVENU DU GOUVERNEMENT.

Quintaux	7,971. 33	dîmes d'Adramiti, Aïvali, Ayasmati et leurs environs.
»	1,155. 36	produit des propriétés Miritoglu.
»	1,797. 34	taxe sur les moulins d'Adramiti et Ayasmati.
»	558. 15	solde sur les revenus des Mosquées.
»	2,956. 22	dîmes d'Aïdin, Sarhan, Mentesse et Sigalla.
»	7,045. 43	» de Mételin.
»	1,011. 07	» de Aïvagik.
»	22,497. 14	revenu du gouvernement distribué aux différents acheteurs par S. E. Safeti Pacha Ministre des finances, ainsi qu'il suit :

A M. Balatazzi,	quintaux	10,941. 16.	sur qx.	20,500.	qu'il avait à recevoir.
A MM. Salih bey et Scampavia,	»	7,265. 27	»	13,000.	idem.
A MM. Thomas et Mandra,	»	975. —	»	2,000.	idem.
A M. Davutoglu,	»	731. 19.	»	1,500.	idem.
A M. Loir,	»	731. 19.	»	1,500.	idem.
A MM. Durand Hipfinger,	»	666. 22.	»	1,000.	idem.
A M. J. Psichari,	»	841. —	»	1,500.	idem.
A Sadik bey Gibraltar,	»	345. —	»	500.	idem.
Total des livraisons	quintaux	22,497. 14.	sur qx.	41,500.	vendus.

La vente à la commandite de M. Alléon sur les dîmes de Volo était ocques 400,000, qui lui ont été en totalité livrées, ainsi qui suit :

ocques	200,848.	sur les dîmes de Volo.
»	199,152.	livrés par la population de Volo d'ordre du Ministre d'alors au prix primitif de la vente faite par le gouvernement.
ocques	400,000.	

ed'olive faites en 1840 par Son Excellence Saïb Pacha

autres pour compte du gouvernement et livraisons ar Son Excellence Safféti Pacha.

nent à M. Baltazzi.

à MM. Haggiar, Fachri et Mahmout effendi cédés à forfait à M. Baltazzi

à Salih bey et Scampavia cédés au même.

avait à recevoir du gouvernement.

à Salih bey et Scampavia.

MM. Thomas et Mandra.

M. Davoutoglu.

M. Loir.

M. J. Psichari.

MM. Durand Hipfinger.

Sadik bey Gibraltar.

Saïb Pacha, ex-ministre des finances.

EVENU DU GOUVERNEMENT.

Aïvali, Ayasmati et leurs environs.

www.ingramcontent.com/pod-product-compliance
Ingram Content Group UK Ltd.
Pitfield, Milton Keynes, MK11 3LW, UK
UKHW021204230726
13926UKWH00001B/290